Elfriede Ebner

Gedichte, die das Leben schrieb

Die Helfer der intelligenten Tiere

erzählt von

Elfriede Ebner

Paramon
Verlag

Die Deutsche Nationalbibliothek verzeichnet diese Publikation in der Deutschen Nationalbibliografie; detaillierte bibliografische Daten sind im Internet über http://dnb.d-nb.de abrufbar.

Elfriede Ebner:
Die Helfer der intelligenten Tiere

ISBN 978-3-03830-078-6

Paramon® ist ein Imprint der
Europäische Verlagsgesellschaften GmbH.
www.Paramon.de

Ich möchte mich bei allen bedanken, die mich beim Gelingen dieses Buches unterstützt haben

und ich danke meiner Enkelin Natali, die mir die Bilder gemalt hat,

meinen Söhnen Thomas und Markus, die mich bei den Computerarbeiten unterstützt haben,

bei Sandra, die den Text druckfertig gemacht hat.

Ich danke auch meinem Schutzengel Camuel, der mir immer wieder gesagt hat, ich soll schreiben.

Vielen Dank an alle,
Ebner Elfriede

Inhalt

Bobby und Lulu

Bobby und Lulu waren Eisbärenkinder. Sie sahen aus, wie zwei Wollknäuel: ganz weiß mit einer schwarzen Nasenspitze. Die Mutter war sehr stolz auf ihre Kinder und passte auch immer gut auf die beiden auf. Die Eisbärenkinder spielten den ganzen Tag, schliefen und tranken von ihrer Mutter Bärenmilch. Die Mutter musste immer wieder Fische fangen um satt zu werden. Bobby und Lulu warteten dann auf ihre Mutter bis diese wieder kam.

Eines Tages hörten die beiden Eisbärenkinder ganz neue Geräusche um sich herum und sie bekamen Angst, da sie ja nicht wussten, was diese zu bedeuten hatten. Ein Stück entfernt landete ein Hubschrauber. Die zwei kleinen Bären hatten zwar Angst, aber sie waren auch neugierig und gingen auf den Hubschrauber zu. Die Bärenmutter fing gerade Fische um ihren Hunger zu stillen, denn sie musste schließlich bei Kräften bleiben. Als sie jedoch die Motorengeräusche vernahm, brach sie ihren Fang ab und eilte zu ihren Kindern, aber sie fand die Kleinen nicht – sie waren verschwunden. Die Mutter suchte nach ihren Jungen, aber ohne Erfolg. Die Männer im Hubschrauber waren nämlich der Meinung, die Eisbärenkinder seien ohne Mutter und müssten gerettet werden, da sie ja alleine waren. Sie fingen die Kleinen ein, was ja sehr einfach war, denn Bobby und Lulu waren sehr verängstigt. Die kleinen Eisbären wurden in einen Zoo geflogen und von einem Arzt untersucht. Der Doktor stellte fest, dass die Bärenkinder gut genährt waren. Er meinte, dass es da noch eine Mutter geben müsse, die nun ihre Jungen vermisst. Die Eisbärenmama war sehr traurig, weil sie ihre Jungen nicht finden konnte. Sie gab nicht auf und suchte immer weiter. Sie weinte und betete zu ihrem Schutzengel, denn auch Tiere können beten. Sie bat ihren Schutzengel, er solle auf die Kleinen aufpassen und wieder zu ihr zurück bringen. Die Mutter wollte nicht mehr essen und wartete nur noch auf ihre Babys Bobby und Lulu. Bobby und Lulu wurden in einen Käfig gebracht. Der Arzt sprach mit den beiden Männern, die die kleinen Bären gefangen hatten. Er fragte die Männer, ob sie da keine große Bärin gesehen hätten, denn die Kleinen konnten nicht alleine gewesen sein, da sie gut genährt und kerngesund wären. Das Fell der Beiden war auch sauber, da musste also eine Eisbärenmutter in der Nähe gewesen sein. Die Männer hatten jedoch keine Mutter gesehen. Das konnten sie auch nicht, weil die Mutter beim Fischen war. Der Doktor meinte, man müsse die Eisbärenkinder wieder bei ihrer Mutter aussetzen, oder die Mutter einfangen und zu ihren Jungen bringen, da diese immer noch die Muttermilch bräuchten. Er flog also mit dem Hubschrauber und den Piloten zu der Stelle, an der die Babys gefunden wurden. Da sahen sie schon von oben einen Eisbären, der sich nicht einmal bewegte, als der Hubschrauber ankam und landete. Die Bärenmama war so traurig über den Verlust ihrer Kinder, dass es ihr egal war, was um sie herum passierte. Wenn ihre Babys nicht mehr kämen, dann wollte auch sie nicht mehr sein. Die Männer und der Arzt machten sich Sorgen, denn es ist nicht normal, dass ein Eisbär bei einem Hubschraubergeräusch einfach liegen bleibt. Der Arzt meinte, der Bär sei krank und könne nicht laufen. Er machte also eine Betäubung fertig und als der Bär fest schlief, brachten ihn die Männer in den Hubschrauber.

Sie flogen wieder zum Zoo zurück und der Bär wurde untersucht. Bei der Untersuchung stellte der Arzt fest, dass es eine Bärin war, die noch Babys haben müsste da sie vor kurzem noch gesäugt hatte. Die Mutter war gesund und wurde in ein Gehege gebracht. Als sie aufwachte lag sie ohne Bewegung da. Sie bekam die leckersten Fische, aber sie wollte nicht fressen. Der Tierarzt meinte: »Vielleicht sind die Eisbärenbabys ihre und sie ist so traurig, dass sie nicht fressen kann.« Dann wurden die Kleinen in das Gehege neben der Mutter gebracht, denn man musste vorsichtig sein. Tiere sind ja manchmal unberechenbar. Eisbären fressen kleine Eisbärenbabys auch auf. Bobby und Lulu wussten nicht, was nun schon wieder mit ihnen passiert und wo man sie hinbringt. Im neuen Gehege kuschelten sich die Beiden eng zusammen und blieben in einer Ecke fest umschlungen liegen, denn sie hatten große Angst. Alles, was da an einem Tag vor sich ging, konnten sie nicht verstehen. Bobby und Lulu waren traurig und weinten und plötzlich rief Lulu nach der Mama und dass sie doch kommen solle.

Im Nachbargehege aber lag die Mutter und vernahm das Piepsen der Kleinen und hob sofort ihren Kopf, denn das Geräusch war ihr bekannt. Sie stand auf und ging in die Richtung, aus der sie das Jammern hörte. Dann sah sie in einer Ecke ihre beiden Kinder. Sie rief: »Bobby und Lulu, seid ihr hier?« Die Kleinen waren erstaunt, denn diese Stimme war ihnen vertraut. Sie sprangen auf und wollten zur Mutter, aber der Zaun trennte sie. Die Zoowärter und der Arzt hatten die ganze Sache beobachtet und wussten nun, dass diese drei Bären zusammen gehörten. Es wurde eine Verbindungstür aufgemacht und die Jungen konnten zu ihrer Mutter. Die Freude war riesengroß. Bobby und Lulu hingen an der Bärin, als wollten sie sie nie mehr loslassen. Nun schmeckte der Bärenmama auch der Fisch und die Kleinen konnten wieder bei ihrer Mutter säugen. Der Zoodirektor meinte: »Wir setzen die Drei nicht mehr in der Wildnis aus, wir behalten sie in unserem Zoo.« Der Arzt sagte: »Das ist auch besser so, denn die Bärin hätte immer Angst, dass ihre Kleinen wieder verschwinden könnten und würde sich dann keine Fische fangen.« Es wurde dann auch so beschlossen und die Tiere blieben. Bobby, Lulu und die Bärenmama bekamen ein schönes Gehege mit Wasserbecken und auch regelmäßig Fressen. Sie gewöhnten sich an ihr neues Zuhause und wollten nie wieder getrennt werden. Die drei Eisbären blieben im Zoo und freuten sich über die Besucher, was neu und sehr aufregend für sie war. Die Bärenmutter bedankte sich bei Ihrem Schutzengel, zu dem sie wegen ihrer Kinder gebetet hatte. Die Bären blieben im Zoo solange sie lebten und es ging ihnen sehr, sehr gut.

Ich wünsche Euch den besten Schutzengel.

Elfi

Detlef der Braunbär

Detlef wuchs in einer Bärenfamilie mit zwei Geschwistern auf. Er hatte eine wunderbare Kindheit. Mit seinen beiden Geschwistern konnte er den ganzen Tag spielen und herumtollen. Zwischendurch stärkte er sich mit Bärenmilch, kuschelte sich dann eng an seine Mutter und schlief ein. Die Mutter war sehr stolz auf ihre strammen Jungen. Immer hatte sie ein wachsames Auge auf ihre Kleinen gerichtet. Die Wildnis barg auch Gefahren. Für einige Tiere wären so kleine Bärenbabys ein Leckerbissen. Detlef und die beiden

Geschwister wuchsen heran. Von ihrer Mutter lernten sie, sich vor gefährlichen Tieren in Acht zu nehmen sowie eine passende Höhle für ein gemütliches Zuhause zu finden. Sie mussten auch frühzeitig lernen, sicht Futter zu besorgen. Im Kreise seiner Familie fühlte er sich geliebt und beschützt. Je älter die Bärenkinder wurden, umso neugieriger wurden sie. Detlef träumte immer von der großen weiten Welt. Er wollte diese möglichst bald erkunden. Wenn er seiner Mutter von den Träumen erzählte, so ermunterte sie ihn: »Wenn du erwachsen bist, steht dir die Welt offen und du kannst überall hingehen wo es dir gefällt.« Detlef freute sich nun sehr auf das erwachsen werden. In seinen Träumen war das doch so wunderbar. Die Zeit verging und aus dem Bärenbaby Detlef war ein kräftiger erwachsener Bär geworden. Da packte ihn das Reisefieber. Er verkündete seiner Mutter und seinen Geschwistern, dass er sie verlassen werde und seinen Weg suchen wolle. Die Bärenmutter ließ ihn ziehen und wünschte ihm alles Gute für die Zukunft. Detlef nahm mit seiner Familie noch eine letzte Mahlzeit ein und machte sich anschließend auf den Weg. Gelassen schlenderte er durch Wälder, Wiesen und Felder. Am Abend war er von seiner Familie schon sehr weit entfernt, als er plötzlich Hunger verspürte. Er überlegte, woher er nun etwas Essbares bekommen könnte. Da sah er in der Nähe einen Mann, der sich gerade mit einem Bienenstock beschäftigte, die Waben heraus holte und den Honig schleuderte. Detlef dacht: »So ein verlockender Geruch, der Honig wird mir schmecken!« Zielstrebig rannte Detlef auf den Bienenstock zu. Als der Mann jedoch den Bären entdeckte, ließ dieser alles liegen und stehen und rannte, so schnell er konnte, davon. Detlef wunderte sich über den Mann. Aber er nahm sich dennoch einen Eimer Honig und trottete davon. Als er ein Quartier für die Nacht gefunden hatte, dachte er an zuhause und wie gemütlich es dort immer war. Erschöpft von seiner langen Wanderung, schlief er jedoch schnell ein. Am nächsten Morgen, als er aufwachte, hatte er riesigen Hunger. Er holte sich etwas Honig aus dem Eimer und ließ ihn sich schmecken. Anschließend machte er sich wieder auf den Weg. Nach einiger Zeit kam er an einen See. Dort fing er sich ein paar schmackhafte Fische. Als er satt war, sah er sich in der Gegend um und stellte fest, dass es ihm hier ganz gut gefallen könne. Ein Stück weiter, am Rande des Waldes, fand er eine passende Höhle, in der er sich gleich behaglich fühlte. Er dachte bei sich: »Diese Höhle hat mir der Himmel geschickt.« Detlef blieb an diesem wunderbaren Ort und erkundete jeden Tag die Landschaft. Auf seinen Streifzügen lernte er die Umgebung sehr schnell kennen. Detlef fühlte sich wohl. Er war aber immer allein, das stimmte ihn etwas traurig. Er war ein geselliger Bär und hätte gerne Freunde zum Spielen und Reden um sich gehabt. Die meiste Zeit verbrachte er mit fischen, Fressen, Herumspazieren und Faulenzen. Der Winter kam immer näher und Detlef musste sich oft in seiner Höhle verschanzen. Es war draußen bitterkalt und es tobten heftige Schneestürme. Das war die schlimmste Zeit für Detlef, denn jetzt fühlte er sich besonders einsam und wünschte sich mehr denn je einen Gefährten. Vor dem Schlafengehen sprach Detlef oft mit seinem Schutzengel. Er hatte das Alleinsein satt und bat den Engel darum, dass er ihm helfe, Freunde zu finden.

Der Winter wich dem Frühling und Detlef streifte endlich wieder durch die Natur. Als er auf dem Weg zum See war, um sich ein paar Fische zu fangen, bemerkte er schon von weitem einen anderen

Bären. Zuerst beobachtete er den Fremdling aus sicherer Entfernung. Schnell entschloss er sich, den Neuankömmling zu begrüßen. Überrascht stellte er fest, dass es sich um eine Bärendame handelte. Noch dazu um eine sehr gut aussehende Dame. Sie war ihm auf Anhieb sympathisch. Er fragte sie: »Woher kommst du?« Die Bärin erzählte, dass sie lange Jahre bei einem Wanderzirkus war und täglich in der Manege auftreten musste. Nach ihren Auftritten wurde sie in einem Käfig eingesperrt. Immer hatte sie sich danach gesehnt, frei zu sein und die Welt kennen lernen zu können. Eines Tages war der Tierwärter unachtsam und vergaß die Käfigtür zu verriegeln. Da ergriff sie ihre Chance und flüchtete aus ihrem Gefängnis. Glücklich sagte sie zu Detlef: »Lange Zeit betete ich zu meinen Schutzengeln. Ich bat sie immer wieder um Hilfe damit ich endlich aus der Gefangenschaft befreit werde. Du siehst, sie haben mir geholfen. Unsere Schutzengel sind immer bei uns um uns zu beschützen und manchmal unsere Wünsche zu erfüllen.« Sie saßen lange am See und erzählten voneinander. Detlef fragte: »Wie ist eigentlich dein Name?« Sie antwortete: »Der Zirkusdirektor hat mich Bella genannt.« Detlef war stolz, dass er neben einer so attraktiven Bärenfrau sitzen durfte und sie ihm ihre Lebensgeschichte anvertraute. Es wurde langsam dunkel und Detlef fragte Bella: »Hast du schon eine Bleibe für die Nacht gefunden?« Bella antwortete: »Ich habe bisher immer einen ruhigen Platz zum Schlafen gefunden, ich werde auch heute einen finden.« Detlef war ja ein Kavalier, also lud er Bella gern in seine Höhle ein. Bella nahm das Angebot dankend an und ging mit ihm. Sie war begeistert von Detlefs gemütlichem Zuhause. So eine schöne und vor allem große Höhle hatte sie noch nie gesehen. Detlef fühlte sich geschmeichelt und war richtig stolz auf seine gemütliche Behausung. In dieser

Nacht schliefen die Beiden nicht lange, denn sie hatten sich unheimlich viel zu erzählen. Am nächsten Morgen gingen sie in den Wald und sammelten Beeren zum Frühstück. Detlef hatte aber gar keinen Appetit. Er hatte sich in Bella verliebt und wollte nicht daran denken, dass sie in wieder verlassen musste. Bella hatte es nicht eilig, weiter zu wandern, denn auch sie fand Detlef sehr attraktiv und liebenswürdig. Vorsichtig fragte Bella, ob sie vielleicht noch für ein paar Tage bei Detlef in der Höhle wohnen könne. Sie fände ihn ausgesprochen nett und auch die langen Gespräche mit ihm seien sehr schön gewesen. Detlefs Herz machte einen Sprung und er sagte: »Du kannst für immer bei mir bleiben, wenn du willst.« Schüchtern fügte er noch hinzu: »Ich habe dich nämlich lieb und will dich nicht mehr verlieren.« Bella antwortete: »Mir geht es genauso.« Bella und Detlef wurden unzertrennlich sie verbrachten eine wunderschöne und unbeschwerte Zeit. Detlef dachte kaum mehr an zu Hause, er war zufrieden. Nach einigen Monaten konnten sich die Beiden auf Nachwuchs freuen, den sie ungeduldig erwarteten. Detlef und Bella baten ihre Schutzengel darum, dass ihre Kleinen gesund zur Welt kämen. Schon nach kurzer Zeit war es soweit. Zwei kleine stramme Jungen erblickten das Licht der Welt. Die beiden Bärenbabys bekamen die Namen Tobi und Maxl. Jetzt waren sie eine richtige Familie und sorgten sich sehr um ihre Kinder. Sie waren sehr liebevoll, aber manchmal, wenn es sein musste, auch streng. Detlef und Bella blieben in ihrer Höhle wohnen. Sie waren sehr glücklich und verliebt, vielleicht sind sie es heute noch.

Ich wünsche euch den besten Schutzengel der Welt.

Die Esel Bruno und Beppo

In einem kleinen Ort in der Oberpfalz lebten Sonja und ihr älterer Bruder Ben mit ihren Eltern auf einem Bauernhof. Der Ort Döllnitz ist in der Nähe von Wernberg. Dort ist es sehr ruhig und landschaftlich wunderschön. Es gibt kleine Hügel und Wälder, die zum Wandern und Spielen einladen. Auf dem Anwesen gab es Fremdenzimmer, die im Sommer sowie im Winter vermietet wurden. Im Winter war Skilaufen sehr gefragt, im Sommer erfreuten sich die Gäste am Baden und Wandern. Es waren fast das ganze Jahr über Gäste im Haus. Für Sonja war es besonders aufregend, wenn auch Kinder zu besuch kamen. Da war immer etwas los. Wenn Sonja Zeit hatte, holte sie die beiden Esel Beppo und Bruno aus dem Stall. Sie brachte sie auf die eingezäunte Wiese hinter dem Haus. Die Beiden sprangen übermütig umher und hatten ihren Spaß. Plötzlich setzte sich Sonja auf Brunos Rücken und wollte auf ihm reiten. Nachdem Bruno sich nicht von der Stelle bewegte, versuchte sie es auf Beppos Rücken, der ebenfalls reglos stehen blieb. Daraufhin wurde Sonja sehr böse und beschimpfte die Beiden. Sie nahm die Zügel und wollte Bruno und Beppo wieder in den Stall bringen. Doch die Esel blieben stur und bewegten sich nicht von der Stelle. Sonja wurde immer wütender, fing an zu weinen und drohte: »Ich bringe euch nie mehr auf die Weide, ihr könnt im Stall stehen bis ihr gestorben seid.«

Beppo und Bruno sahen sich an, als ob sie jedes Wort verstanden hätten und setzten sich langsam in Bewegung. Ohne ein weiteres Wort brachte Sonja die Beiden in den Stall. Bruno und Beppo bereuten es nun, dass sie so stur geblieben waren. Sonja spielte mit den Gastkindern und zunächst vergaß sie den Ärger mit den Eseln. Am nächsten Morgen trottete sie in die Scheune und versorgte Bruno und Beppo mit Wasser und Futter. Die Beiden freuten sich schon, wie gewöhnlich gleich von Sonja auf die Weide geführt zu werden. Sonja hatte jedoch noch nicht vergessen, dass die Beiden sie am Vortag zum Weinen gebracht hatten und ging wieder. Die Esel konnten es nicht fassen, dass Sonja einfach wieder ging. Bruno sagte zu Beppo: »Ich glaube, Sonja hat uns noch nicht verziehen! Kein Wort hat sie mit uns gesprochen. Sie macht Ihre Drohung jetzt wahr und bringt uns nicht mehr auf die Weide.« Nun bedauerten die beiden Esel ihr bockiges Verhalten vom Vortag.

So vergingen auch die kommenden Tage. Sonja kam in den Stall versorgte die Tiere, sprach jedoch kein Wort mit ihnen, und ging wieder. Mit jedem Tag wurde den Eseln bewusster, dass sie einen großen

Fehler gemacht hatten. Als Sonja wieder einmal auf dem Weg in den Stall war, hörte sie Stimmen. Sie lauschte: »Es tut uns so leid, dass wir dich geärgert haben.« Sonja traute ihren Ohren kaum. Die Esel standen mit gesenktem Kopf in ihrer Box. Sonja fragte nach: »Wer spricht denn da?« Beppo antwortete: »Sonja, es tut mir leid.« Bruno fügte ein leises »mir auch« hinzu. Erstaunt fragte Sonja: »Ihr könnt sprechen?« »Nur du kannst uns hören, sonst niemand.«, erwiderte Bruno. Sonja konnte kaum glauben, was hier passierte. »Tiere können nicht reden, oder doch?«, fragte sie sich sichtlich verwirrt, rannte sie zu ihrer Mutter und erzählte ihr, was sich im Stall zugetragen hatte. Ihre Mutter lachte und erwiderte: »Das ist aber eine aufregende Geschichte! Unterhalte dich nur weiter mit den Tieren. Ich bin neugierig, was sie dir noch alles erzählen.« Sonja merkte, dass ihre Mutter die Sache nicht ernst nahm. Langsam zweifelte sie selbst an ihrem Verstand.

Am Nachmittag ging Sonja nochmal in den Stall. Freundlich wurde sie von den Eseln begrüßt. Bruno fragte vorsichtig, ob Sonja sich wieder mit ihnen versöhnen möge. Denn auch sie seien sehr traurig darüber, dass Sonja ihnen seit Tagen keine Beachtung schenkte. Das frische Gras auf der Weide würde ihnen auch sehr fehlen. Sonja brachte die Beiden auf die Weide. In der Hoffnung, dass die Esel jetzt auf sie hören würden.

Wieder einmal kamen Urlauber mit ihren Kindern auf den Hof. Sonja lud die beiden Kinder zum Eselreiten ein. Leoni und Benni waren begeistert von dieser Idee. Die Esel umso weniger. Sie protestierten und wollten die beiden Kinder nicht aufsitzen lassen. Das wollte Sonja nicht hinnehmen und fing an, auf die Esel einzureden. Sie sollten vernünftig sein und den beiden Gastkindern beim Reiten ein wenig Spaß bereiten. Leoni und Benni wunderten sich, dass Sonja mit den Eseln sprechen konnte. Sonja gelang es, Bruno und Beppo dazu zu bringen, die beiden Kinder auf ihren Rücken reiten zu lassen. Die Kinder und auch die Esel hatten eine Menge Spaß. Als Sonja nach einiger Zeit mit ihren neuen Freunden die Weide verlassen wollte, rief Bruno hinterher: »Sonja, kommt ihr morgen wieder? Es hat uns viel Freude gemacht, mit euch zu spielen.« Sonja fragte daraufhin Leoni und Benni, ob sie morgen wieder reiten wollten, da sich die Esel sehr darüber freuen würden. Freudig stimmten beide zu. Als die Kinder beim Abendbrot saßen, erzählten sie ihren Eltern, dass Sonja mit den Eseln sprechen könne. Daraufhin entgegnete Sonjas Mutter: »Meine Tochter erzählt gerne Geschichten!« Die Mutter von Leoni und Benni glaubte jedoch den Erzählungen ihrer Kinder und sagte: »Es gibt auch Menschen, die mit Engeln sprechen und sie auch sehen können. Das ist eine wundervolle Gabe, die du von Gott bekommen hast!« Sonja ging an diesem Abend glücklich schlafen. Sie träumte von Engeln. Im Traum sprach sie mit ihnen. Einer der Engel sagte zu ihr: »Gehe deinen Weg, es ist der Richtige.« Nächsten Morgen beim Frühstück erzählte Sonja ihrer Mutter von diesem Traum. Ihre Mutter lächelte nur. Einige Tage später entdeckte Sonja Bruno liegend im Stall. Beppo sagte: »Es geht ihm nicht gut, ich glaube er braucht einen Arzt.« Sonja rannte ins Haus und erklärte ihrer Mutter, dass Bruno krank sei und er einen Tierarzt brauche. Als der Tierarzt kam und Bruno untersuchte, konnte er zunächst nicht feststellen, warum es Bruno so schlecht ging. Sonja fragte Bruno, ob er Schmerzen habe. Bruno antwortete: »Ich habe furchtbare Magenschmerzen!« Sofort gab Sonja diese Information an den Tierarzt weiter. Doktor Poppl lachte darüber. Dennoch untersuchte er den Bauch des Tieres. Dabei stellte er fest, dass das Bruno wohl zu viel gefressen und nun schmerzhafte Blähungen hatte. Daraufhin verordnete Dr. Poppl eine schmerzlindernde Medizin. Anschließend sagte Doktor Poppl zu Sonja: »Es ist gut, dass du mit den Tieren sprechen kannst. So konnte ich Bruno schnell helfen, wieder gesund zu werden. Achte in Zukunft darauf, dass Bruno nicht wieder zu viel Futter bekommt!« Das versprach Sonja und verabschiedete sich von Doktor Poppl. Sonjas Mutter hatte das Gespräch zwischen dem Tierarzt und ihrer Tochter gehört. Sie machte sich nun Gedanken darüber, dass sie die Erzählungen ihrer Tochter nicht ernst genommen hatte. Sie entschuldigte sich noch am Nachmittag bei Sonja und erklärte ihr, dass sie nun nicht mehr daran zweifle, dass sie mit Bruno und Beppo sprechen könne. Darüber war Sonja sehr glücklich. Sonja ging jeden Tag mit Bruno und Beppo auf die Wiese. Sie sprachen viel miteinander, konnten sich alles anvertrauen und genossen ihre Freundschaft. So lebten sie auf dem Bauernhof glücklich bis ins hohe Alter.

Ich wünsche euch den besten Schutzengel der Welt.

Der Fuchs vom Bannholz

In einem kleinen Wäldchen, unweit von einer Siedlung, lebte der Fuchs Waldemar. Waldemar war ein aufgeweckter junger Fuchs. Er kannte seine Gegend gut, die er bereits mit seinen Freunden durchstreifte. Wieder einmal streunten sie nachts durch das Bannholz, auf der Suche nach Futter. Wenn der Hunger sehr groß war, so wagten sie sich auch an die angrenzende Menschensiedlung. Sie durchstöberten Gärten und Bauernhöfe und fanden dort immer Nahrung. Ein besonderer Schmaus waren die gejagten Hühner. In manchen Nächten holten sie sich bis zu zehn Stück davon. Damit waren sie für einige Zeit ausreichend versorgt. Auch Waldemar freute sich über diesen köstlichen Vorrat, obwohl er immer ein mulmiges Gefühl dabei hatte. Er hatte Angst vor den Menschen. Es kam nämlich von Zeit zu Zeit vor, dass man sie bei der Jagd entdeckte und die Hunde auf sie hetzte. In jenen Nächten mussten sie hungrig ins Bannholz zurückkehren. Waldemar lernte bei den nächtlichen Ausflügen Nina kennen. Nina war eine liebe kleine Füchsin. Sehr schnell waren die beiden unzertrennlich geworden. Waldemar und Nina beschlossen, zusammen einen Fuchsbau zu graben. Sie wollten eine Wohnung für sich alleine haben. Es dauerte mehrere Wochen, bis der Bau ihren Vorstellungen entsprach. Am Ende waren beide sehr glücklich über ihr neues Zuhause. Sie wollten den Einzug gebührend feiern und luden dazu ihre Freunde ein. Freudestrahlend erschienen all ihre Freunde. Sie konnten sich an den schon vorbereiteten Hühnern, Hasen und Mäusen satt fressen. Es war ein berauschendes Fest, das bis zum nächsten Morgen dauerte. Anschließend zogen sich alle in ihre Behausungen zurück. Tagsüber war im es im Wald immer sehr unruhig. Es kamen Menschen in ihren Autos oder auf Motorrädern und fuhren durch den Wald. Im Frühjahr wurden Bäume gefällt und abtransportiert. Während dieser Zeit brach bei den Füchsen Panik aus. Nur, wenn es tagsüber einmal still wurde, durften die Babyfüchse ihren Bau verlassen. Die Mütter der Kleinen waren sehr wachsam. Bei bedrohlichen Geräuschen mussten diese sofort wieder in ihrem Bau verschwinden.

Der Jäger war sehr oft mit seinem Dackel Fritz unterwegs. Fritz spürte die Fuchswelpen schnell auf und fing vor der Öffnung des Baus an zu bellen. Die Welpen hatten große Angst, dass er in ihr Zuhause eindringen könnte. Der Dackel war jedoch an der Leine und der

Jäger beruhigte ihn schnell. Waldemar und Nina hatten ihre Wohnung auf einem Hügel, hinter vielen Sträuchern und Büschen versteckt. Dort konnte der Eingang nicht so leicht entdeckt werden. Schon bald meldete sich bei Nina Nachwuchs an. Waldemar und Nina waren mächtig stolz auf ihre süßen kleinen Fuchsbabys. Nun waren sie eine kleine Familie. Waldemar war immer damit beschäftigt, das Futter für seine Familie herbeizuschaffen. Nina blieb in der Zwischenzeit bei ihren Kindern . Als Waldemar wieder einmal bei der Futtersuche war, kam der Jäger mit seinem Hund an ihrem Bau vorbei. Der Dackel stöberte sie sofort auf bellte bedrohlich in die Öffnung hinein. Nina bekam Angst um ihre Kleinen. Fritz war wie immer an der Leine und konnte deshalb nicht in den Fuchsbau stürmen. Nina war froh, als der Jäger endlich seine Runde durch den Wald fortsetzte. Stolz kam Waldemar mit seiner Beute nach Hause. Nina kam ihm schon entgegen gelaufen und berichtete ihm aufgeregt, was geschehen war. Waldemar schlug vor, ihren Bau um einen zusätzlichen Ausgang zu erweitern. So hätten sie eine Fluchtmöglichkeit, falls jemand eindringen würde. Waldemar wollte seine Familie in Sicherheit wissen und fing gleich an, zu graben. Als die Kinder versorgt waren, unterstützte Nina ihn beim buddeln. Der neue Ausgang entstand, gut getarnt, auf der anderen Seite des Hügels. Nina war beruhigt, da sie sich jetzt mit ihren Kleinen sicherer fühlte. Eines Tages hörte Nina ein jämmerliches Wimmern und tastete sich vorsichtig in diese Richtung. Sie fand ein halb verhungertes Hundebaby in der Nähe ihrer Höhle. Nina hatte Mitleid und trug das kleine Etwas zu ihren Kindern. Sie sagte: »Er ist so ein armes kleines Wesen, wir müssen ihm helfen.« Die Kinder waren erstaunt, sah der kleine Welpe doch ganz anders aus als sie. Nina kümmerte sich liebevoll um den Kleinen. Sie konnte nicht verstehen, wie eine Mutter ihr Kind nur so allein lassen konnte.Als der kleine Besucher wieder bei Kräften war, erzählte er traurig: »Mein Herrchen wollte keinen Hundewelpen haben und darum hat er mich ausgesetzt. Ich hatte auch noch eine kleinere Schwester, die leider zu schwach war und starb.«Die Füchsin erkundigte sich nach der Hundemutter. Der Welpen entgegnete: »Ich habe eine sehr liebevolle Mama, aber sie war immer sehr traurig. Meine Mutter musste in einer viel zu kleinen Hundehütte leben. Das Futter war immer zu knapp. Ich glaube, dass meine Mutter davon krank geworden ist.« Dem kleinen Mischlingswelpen ging das Gespräch sehr nahe. Die Füchsin fragte den Kleinen noch: »Weißt du eigentlich, dass es auch für uns Tiere Engel gibt?« Neugierig spitzte Rocky die Ohren. »Wenn du Sorgen hast und traurig bist, dann kannst du mit ihnen sprechen und sie werden dir helfen!« Das Ganze war dem Hündchen völlig fremd, aber es beruhigte ihn und erweckte ein wenig Hoffnung. Das Gespräch mit der Füchsin ging Rocky nicht aus dem Kopf. Am Abend, als schon alle schliefen, fing er an, mit den Engeln zu sprechen. »Ich habe große Sehnsucht nach meiner Mama und möchte wieder bei ihr sein!« Am Ende bat er sie noch darum, gut auf seine Mama aufzupassen. Die Fuchsfamilie gewöhnte sich sehr schnell an den kleinen Gast. Waldemar und Nina freuten sich, dass ihre Kinder den Welpen so herzlich aufnahmen und sogar mit ihm spielten. Als die Jungen etwas größer geworden waren, ging auch Nina wieder mit auf die Jagd. Es war nämlich schwierig für Waldemar, das Futter ganz allein heranzuschaffen. Die kleinen Rabauken hatten schließlich immer sehr großen Hunger. Eines Nachts kamen Waldemar und Nina auf einen großen Bauerhof. Auf dem Grundstück stand eine kleine Hundehütte. Trotzdem wagten die beiden sich auf den Hof, um zu jagen. Nina blickte in die Hütte und sah einen halb verhungerten Hund. Sie fragte die Hündin, ob sie ihr helfen könne. Traurig schüttelte diese ihren Kopf und antwortete: »Mir kann niemand helfen!« Nina überlegte kurz und sprach zu Waldemar: »Wir sollten ihr von unserem Futter etwas abgeben, damit sie wieder zu Kräften kommt.« Waldemar war sofort einverstanden. Von diesem Tag an gaben sie der Hündin immer einen Teil ihrer Beute ab. Als es Betzi der Hündin, wieder etwas besser ging, erzählte sie den Beiden von ihrem Kummer. Sie habe zwei Babys bekommen, von denen das Mädchen starb, weil es schwach und krank gewesen war. Der Junge war eines Tages verschwunden und nun wisse sie nicht, was mit ihm passiert sei. Nina erwiderte aufgeregt: »Betzi, du musst versuchen zu fliehen, wenn du die Gelegenheit dazu hast! Wir haben einen großen Bau, dort wirst du Platz finden.« Sie beschrieb ihr den Weg dorthin. Durch die zusätzlichen Futterrationen der beiden Füchse wurde Betzi schon bald sehr kräftig. Als der Bauer eines Tages vergaß, die Hundekette wieder anzulegen, fühlte sich die Hündin kräftig genug, um die Flucht zu ergreifen. Sie hatte schreckliche Angst davor, dass der Bauer sie erwischen würde. Sie durfte nicht daran denken, was er ihr dann antun würde. So fing sie also an zu rennen so schnell sie konnte, ohne sich umzudrehen. Erst, als sie im Wald angekommen war, versteckte sie sich unter einem Gebüsch und ruhte sich aus. In der Abenddämmerung hörte sie die vertrauten Stimmen von Waldemar und Nina. Betzi kroch sofort aus ihrem Versteck. Die beiden Füchse freuten sich sehr, dass die Flucht gelungen war. Zu dritt machten sie sich auf den Weg zu ihrem Fuchsbau. Als Betzi dort ihren kleinen Rocky sah, winselte sie vor Freude.

Rocky wusste nun, dass es Engel gibt, die einem helfen, wenn man sie darum bittet. Er erzählte seiner Mutter, was ihm Schlimmes zugestoßen war. Anschließend bedankten sich die Beiden bei Waldemar und Nina für ihre Hilfe und Unterstützung. Betzi und Rocky blieben von da an bei den Füchsen wohnen und sie fühlten sich dort sehr wohl.

Die Hündin ging immer mit Waldemar und Nina auf die Jagd. Eines Nachts standen sie vor Betzis ehemaligem Zuhause. Betzi war sehr aufgeregt und ihr Herz begann zu rasen. Da sie sich auf dem Hof sehr gut auskannte, gelang es ihnen unbemerkt in den Hühnerstall einzudringen. In dieser Nacht holten sie sich den gesamten Hühnerbestand des Bauern. Damit hatten sie reichlich Vorrat für die komplette Familie. Eines Tages sagte Betzi zu Waldemar und Nina: »Wir können eure großzügige Gastfreundschaft nicht länger in Anspruch nehmen. Ich werde mir mit Rocky eine andere Bleibe suchen!« Die beiden Füchse waren entsetzt über Betzis Pläne. Sie erwiderten: »Wir sind doch eine Familie und gehören zusammen! Ihr könnt hier bleiben, solange es euch gefällt!« Die Hündin und ihr Welpe waren sehr glücklich über dieses Angebot und nahmen es dankbar an. Die Zeit verging und die Kinder wurden erwachsen. Sie passten gut aufeinander auf und gingen alle gemeinsam auf die Jagd. Die ungewöhnliche Großfamilie war glücklich. Vielleicht sind sie es heute noch.

Ich wünsche euch den besten Schutzengel der Welt.

Die Igelfamilie

Im Garten von Familie Maier verbrachten zwei Igel ihren Winterschlaf. Sie hatten sich neben dem Kompost unter vielem Laub eine warme Ecke ausgesucht. Dort waren sie den ganzen Winter über ungestört. Im Frühjahr, als die Sonne bereits sehr warm schien, kamen sie aus ihrem Bau und sahen sich neugierig um. Das Igelpärchen hatte großen Hunger und wollte sich darum auch gleich nach etwas Essbarem umsehen.

Peter, der Sohn der Familie, hatte die Igel beim Bau ihres Quartiers beobachtet. Ungeduldig sah er immer wieder nach den Tieren. Endlich bemerkte er die von ihrem Winterschlaf erwachten Igel. Er trug etwas Katzenfutter und zwei frische Eier in den Garten und deponierte es in der Nähe des Kompostes. Kurze Zeit später kamen die Igel schon eilig angelaufen und entdeckten die Leckereien. Die beiden Igel konnten sich richtig satt fressen.Peter hatte Spaß daran, die Igel zu füttern. Er verwöhnte die Beiden täglich mit allerlei Köstlichkeiten. Die Igelfrau sagte zu ihrem Mann: »Ich glaube, wir sind im Schlaraffenland!« Der Igelmann erwiderte: »Ja, so gut hatten wir es noch nie!« Er genoss den Luxus, dass sie sich nicht auf mühsame Futtersuche begeben mussten.

Ziemlich schnell meldete sich bei dem Pärchen Nachwuchs an. Peter war sehr aufgeregt, als er die Igelfamilie zum ersten Mal sah. Die Beiden waren jetzt stolze Eltern von einem Jungen und zwei Mädchen. Peter freute sich riesig über den Familienzuwachs. Jetzt brachte er noch etwas mehr Futter, damit die Eltern auch bei Kräften bleiben und ihre Babys gut versorgen konnten.Eines Morgens fühlte sich der Igeljunge nicht gut. Deshalb wollte er auch nicht wie üblich mit seinen Eltern die Umgebung erkunden. Die Igeleltern entschlossen sich den Kleinen allein zurück zu lassen, in der Hoffnung, dass er sich schnell erholte. Der Igeljunge schlief ein. Als er jedoch erwachte, war im schrecklich heiß und er fühlte sich noch übler als vorher. Als die Familie zurückkehrte, sah die Mutter sofort, dass der Kleine Fieber hatte. Die ganze Nacht hielt sie neben ihrem kleinen Liebling Wache. Sie hatte schreckliche Angst, dass ihr Kind sterben könnte. Peter wunderte sich, dass nur der Igelpapa mit seinen zwei Mädchen zum Fressen kam. Erst später kam die Igelmutter traurig angetrottet und fraß nur ein paar Bissen. Peter machte sich Gedanken um den kleinen Jungen. Er musste unbedingt wissen, was mit dem

Kleinen geschehen war. Vorsichtig legte er den Bau der Igel frei. Da lag der kleine Igel, völlig geschwächt. Peter wusste es sofort, dass er krank sein musste. Verstört lief er zu seinen Eltern ins Haus. Mit Tränen in den Augen berichtete er ihnen von der Tragödie. Die Mutter versuchte, ihn zu beruhigen. Sie erklärte ihm: »Auch Tiere haben Schutzengel, so wie wir Menschen. Du solltest sie darum bitten, dass sie dem Igel helfen.«

Die nächsten zwei Tage vergingen. Peter flehte die Schutzengel an, den Igel wieder gesund zu machen. Leider hatte sich am dritten Tag der Zustand des Kleinen immer noch nicht verändert. Da beschloss Familie Meier, mit dem Igel zum Tierarzt zu gehen. Peter packte den Kleinen in einen mit weichen Tüchern ausgelegten Pappkarton. Die Igeleltern waren sehr aufgeregt und ängstlich, als der Junge aus ihrem Bau genommen wurde. Peter strich sanft über ihre Igelstacheln und sprach: »Ich möchte nur, dass euer Junge wieder gesund wird.« Es schien, als würden die Beiden ihn verstehen. Während der Tierarzt den Igel untersuchte, wich Peter ihm nicht von der Seite. Er hörte genau zu, was der Arzt zu ihm sagte: »Gut, dass du den Igel gebracht hast. Alleine hätte er es wahrscheinlich nicht geschafft. Ich gebe ihm jetzt eine Spritze. Anschließend bekommst du noch Tropfen von mir. Davon mischt du ihm bitte die nächsten 3 Tage jeweils 5 Tropfen unter sein Futter. Dann wird er sich bald erholt haben. Du solltest aber aufpassen, dass er das Futter auch wirklich frisst.« Peter war zu allem bereit, wenn der Igel nur wieder ganz schnell gesund werden würde. Am Ende der Behandlung erwähnte der Doktor noch: »Der kleine Igel muss einen riesigen Schutzengel haben, der euch zu mir geschickt hat.«Peter hielt sich genau an die Anweisungen des Arztes. Mit jedem Tag ging es dem Sorgenkind besser. Bereits nach einer Woche spielte er wieder mit seinen Schwestern im Gras. Peter und die Igeleltern waren außer sich vor Freude. Die Igel blieben bei Familie Meier im Garten wohnen. Manchmal unternahmen sie einen Ausflug in die angrenzenden Gärten. Doch sie fanden es nirgendwo so schön wie bei Peter. Die Igel vertrauten Peter so sehr, dass sie sich nicht einmal mehr einrollten, wenn er sie berühren wollte. So wie Igel das normalerweise tun, wenn man sich ihnen nähert. Ab und zu liefen die Igel sogar hinter Peter her, als ob sie mit ihm spielten wollten. Nur wenn Peters Freunde zu Besuch kamen, versteckte sich die Igelfamilie. Zwischen den Igeln und Peter entwickelte sich eine tiefe Verbundenheit. Er sah es den Igeln gleich an, wenn etwas nicht in Ordnung war. Manchmal schien es, als könne Peter mit den Tieren sprechen. Die Igel wussten, dass Peter sie beschützen und sich um sie kümmern würde. Sie genossen es, immer reichlich mit Futter versorgt wurden. So konnten sie beruhigt und in aller Ruhe ihr Winterquartier erneuern.Die Igel fühlten sich rundherum wohl in ihrem Zuhause. Vielleicht wohnen sie auch heute noch im Garten von Familie Meier.

Ich wünsche euch den besten Schutzengel der Welt.

Die Hasen Max und Moritz

Max und Moritz gehörten den beiden Mädchen Lili und Babsi. Die beiden Hasen bekamen sie von ihrem Opa geschenkt. Moritz war ein weißer und Max ein schwarzer Hase. Lili und Babsi freuten sich riesig, als sie die Hasen, die noch sehr klein waren, bekamen. Ihre Mama war von Opas Idee gar nicht begeistert. Sie musste sich schon um Haushalt, Kinder und Pferde kümmern und das war ihr genug Arbeit. Mama befürchtete schon, dass die beiden Mädchen die Hasen nur am Anfang so lieb finden und dann das Interesse an ihnen verlieren würden. Wenn es so weit käme, müsste Mama für die Hasen sorgen. Dazu war sie aber nicht bereit. Sie sagte zu Opa und den Mädchen, dass sie kein Interesse an den Hasen hätte. Opa solle die Hasen doch gleich wieder mitnehmen. Die Kinder überredeten sie jedoch so lange, bis sie einlenkte. Sie meinte: „Na gut, wenn ihr die Hasen unbedingt behalten wollt, dann müsst ihr euch aber auch wirklich selbst darum kümmern. Ich werde keinen Handriff für die Tiere tun. Und wenn das so nicht funktioniert, kommen sie wieder weg."Die beiden Schwestern behielten die Tiere und kümmerten sich auch vorbildlich um sie. Opa baute einen Stall für Max und Moritz, den sie in eine Ecke des Pferdestalls stellten. Im Sommer waren die Kinder mit den beiden Hasen viel im Garten zum Spielen und Streicheln. Den Hasen gefiel das natürlich, denn manchmal büchsten sie aus und die Mädchen fanden sie dann im Gemüsegarten der Mama wieder. Dort fraßen sie gern Salat. Meistens waren sie aber bei den Karotten, denn die mochten sie besonders gern. Lili und Babsi kauften für Max und Moritz sogar Leckerlis von ihrem Taschengeld. Die Hasen wurden richtig verwöhnt. Was den Mädchen nicht so gefiel, war das Saubermachen vom Stall. Da gab es manchmal Ärger.Die Hasen wurden groß und dick, denn sie hatten ja alles, was ihr Herz begehrte. Im Winter mussten die beiden im Stall bleiben. Das passte ihnen jedoch gar nicht. Eines Tages wurden sie von den Mädchen gefüttert, und plötzlich kratzte und biss der schwarze Hase Max die Mädchen ohne Grund. Immer wenn jetzt jemand in den Hasenstall griff, ging Max total aggressiv auf denjenigen los. Keiner konnte sich das Verhalten von Max erklären. Die Mädchen trauten sich nicht mehr, die Hasen zu streicheln. Sie warfen das Fressen auch nur noch rasch in den Stall und machten die Türe schnell wieder zu. Als der Stall sauber gemacht werden sollte, baten sie ihre Mama um Hilfe. Mama dachte nun, die Mädchen wollten ihr jetzt doch nur die Arbeit mit den Hasen überlassen, weil sie keine Lust mehr dazu hätten. Sie weigerte sich natürlich und erinnerte die Mädchen: „Ich habe euch doch gesagt, dass ihr euch selbst um eure Hasen kümmern müsst." Lili erzählte Mama, dass sie nicht mehr in den Stall greifen konnten, weil Max so aggressiv geworden sei. Mama sollte die Hasen also vorübergehend in eine Kiste setzen, bis der Stall sauber war. Alles andere würden Babsi und Lili selbst machen. Die Mama ließ sich überreden und wollte die Hasen aus dem Stall holen, aber Max ging auch auf Mama los. Und sie meinte: „ Der Hase ist so böse, ich rufe jetzt den Opa an, der soll den Max eben schlachten, so geht es schließlich nicht weiter!"Die Kinder waren entsetzt über Mamas Vorhaben und wollten natürlich nicht, dass Max geschlachtet wird. Mama aber war überzeugt, es hätte so keinen Sinn mehr, wenn man nicht einmal mehr in den Stall langen könne. Mama sagte genervt: „Ihr habt doch von den Hasen eh nichts außer Arbeit." Lili und Babsi waren sehr traurig, denn Mama ging auch gleich zum Telefon, um Opa anzurufen.Am anderen Ende der Leitung war die Tante Rosi, die Schwester von Mama. Mama sagte zu ihr, der Opa solle noch heute Nacht den Hasen Max holen und ihn schlachten, weil er so böse sei, dass sie Angst hätte, er könnte die Mädchen verletzen. Tante Rosi erschrak über diesen schlimmen Plan und dachte sofort an die Kinder, die doch so an den Hasen hingen.

Opa war nicht zuhause und deshalb kam Tante Rosi. Babsi und Lili weinten wegen Max. Sie mussten zusehen, wie Mama ganz dicke Handschuhe anzog und den Max in einen Korb setzte, den Tante Rosi mitgebracht hatte. Tante Rosi stellte den Korb ins Auto und fuhr gleich wieder nach Hause. Ihr taten die Kinder zwar leid, aber was sollte sie schon zum Trost sagen? Vielleicht, sie sollten keine Angst um Max haben, er würde ja nur geschlachtet? Nein, das konnte sie nun wirklich nicht. Tante Rosi kam nach Hause und Opa war immer noch nicht da. Sie nahm den Hasen vorsichtig aus dem Korb und setzte ihn einfach in einen alten Hasenstall, der im Garten stand. Opa hatte früher auch einmal Hasen, aber die wurden alle geschlachtet und nun stand der Stall leer. Rosi gab dem Hasen etwas zu Fressen und warf noch Heu zu ihm hinein. Opa kam erst spät abends nach Hause als Rosi ihm erzählte, dass ihre Schwester meinte, er müsse den Max schlachten. Doch da sagte er, er hätte aber bis zur nächsten Woche keine Zeit dafür. Tante Rosi war froh, dass er keine Zeit zum Schlachten hatte.Also kümmerten sie und Opa sich um den Hasen und verstanden gar nicht, was alle für ein Problem mit dem Hasen hätten. Bei ihnen war Max ganz friedlich.

Lili und Babsi weinten immer wieder, weil ihnen Max so leid tat. Sie vermissten ihn doch so sehr. Moritz ließ sich auch streicheln und war wieder ganz lieb. Draußen wurde es schon warm und Moritz durfte wieder in den Garten. Es war sehr schön, aber den beiden fehlte Max sehr. Die Kinder hatten sich bei Opa nicht mehr gemeldet, sie waren beleidigt und verletzt, weil er Max geschlachtet catte. Sie wussten ja nicht, dass er noch am Leben war. Kurze Zeit später rief Tante Rosi bei ihnen an und lud die ganze Familie zum Grillen ein. Sie meinte, sie hätte eine riesige Überraschung für die Kinder.Bei Lili und Babsi kam keine Freude auf, obwohl sie immer so gerne zu Opa und Tante Rosi gefahren waren. Aber sie dachten nur an Max, dass es vielleicht sogar er sein könnte, der da gegrillt wurde! Dieser Gedanke war furchtbar. Aber Mama sagte zu und versprach, dass die ganze Familie zum Essen kommen würde. Am Sonntag fuhren also alle zu Opa und Tante Rosi. Die Kinder waren immer noch sehr traurig, aber auch auf die Überraschung gespannt. Als sie bei Tante Rosi ankamen, war alles wie immer. Jeder freute sich, dass man einmal wieder in Ruhe zusammensitzen konnte. Es wurde gegrillt, aber Lili und Babsi befürchteten ständig, dass es Max sein könnte, der da auf dem Grill lag.Opa merkte sofort, dass die Kinder sich gar nicht wohl fühlten. Er nahm beide an der Hand und meinte: „Seid ihr denn gar nicht neugierig auf die Überraschung?" Sie zuckten nur mit den Schultern, was soviel hieß wie : „Weiß nicht" . Er ging mit den beiden in den Garten, wo der Hasenstall stand. Als sie Max sahen freuten sie sich wahnsinnig und waren Opa so dankbar.Opa sagte noch: „Ich schenke euch doch nicht einen Hasen, um ihn dann zu schlachten. Ich hätte das gar nicht gekonnt. Macht doch mal das Gitter auf, er ist ganz brav. Die Mädchen zögerten etwas, aber weil Moritz so lieb war, kann das ja bei Max auch so sein. Max wurde auf die Wiese gesetzt. Und er freute sich wahrscheinlich auch über den Besuch, den er ja kannte. Opa war der Meinung, dass der Stall bei den Mädchen einfach zu klein war und sich die Hasen darin nicht mehr wohl fühlten. Seit Max hier ist, ist er ganz anders, wieder total lieb.

Mama schlug vor, den Max bei Opa und Tante Rosi zu lassen. Sie meinte: „Da geht es ihm auch sehr gut und wenn wir hier sind, könnt ihr mit ihm spielen." Die Kinder fanden, das wäre eine gute Idee. Die Freude der Schwestern darüber, dass es mit Max kein schlimmes Ende gegeben hat, war sehr groß. Sie gingen immer wieder zu Opa und umarmten ihn. Für sie ist er der liebste Opa auf der ganzen Welt.

Ich glaube, dass auch Tiere einen Schutzengel haben. Der von Max muss riesengroß gewesen sein.

Ich wünsche euch den besten Schutzengel der Welt.

Niko und Sissi

Frau Hasenbein bekam Besuch von ihrer Tochter Traudel. In einem kleinen Körbchen brachte sie ein Katzenbaby mit. Hilde Hasenbein wollte eigentlich kein Haustier haben. Aber beim Anblick des süßen Katers entschied sie sich, den Kleinen zu behalten. Der Kater war erst ein paar Wochen alt, sehr verspielt und verschmust.

Frau Hasenbein war bereits eine ältere Dame. Wegen eines Hüftleidens konnte sie nicht mehr gut laufen. Darum fielen ihr die anfallenden Arbeiten für den Neuankömmling sehr schwer. Trotzdem ging sie ihre neue Aufgabe gleich an und besorgte eine Katzentoilette sowie Katzenstreu, ein gemütliches Körbchen mit einem weichen Polster und Futter für Katzenbabys.Als sie den kleinen Kater betrachtete, überlegte sie, welcher Name wohl zu ihm passen könnte. Spontan fiel ihr Niko ein. Sie fand, dieser Name passe gut zu dem schwarzen kleinen Etwas.Es dauerte einige Zeit, bis sich Frau Hasenbein daran gewöhnt hatte, das kleine Tierchen zu versorgen. Trotzdem blühte Frau Hasenbein durch die Anwesenheit des kleinen Katers wieder auf. Auch ihre Hüftschmerzen spürte sie kaum mehr. Hilde beschäftigte sich sehr viel mit ihrem Kater und verwöhnte ihn mit allerlei Leckereien.

Niko ging es gut bei Hilde und beide waren sehr glücklich. Was dem Kater fehlte, war, die Natur zu erkunden. Er saß oft auf dem Fensterbrett und betrachtete sehnsüchtig die umherflatternden Schmetterlinge.An einem heißen Sommertag öffnete Hilde die Fenster. Das war für Niko die Chance, seine Neugier zu stillen. Er schien ein wenig ängstlich zu sein und durchforstete sehr vorsichtig den Garten. Kurz darauf entdeckte er einen Schmetterling, dem er eifrig hinterher sprang. »Das ist ein Zuhause wie im Paradies!« dachte sich Niko.Hilde merkte plötzlich, dass Niko ausgebüchst war. Voller Panik rief sie nach ihm. Gleich darauf kam er auch schon angetrottet und ging mit Hilde ins Haus.Niko durfte nun jeden Tag ins Freie, um die Natur und die Tierwelt zu erkunden. Die Nachbarskinder spielten gern mit dem niedlichen Kater und hatten ihre Freude mit ihm. Wenn Hilde nach ihm rief, kam er nach kürzester Zeit zu ihr zurück.In Frau Hasenbeins Garten stand ein mächtiger Kastanienbaum, der Niko zum Klettern einlud. Niko stieg bis in die oberste Baumkrone. Oben angelangt jedoch, verließ ihn der Mut. Der Abstieg schien sich schwieriger zu gestalten, als gedacht. Durch das Jammern des Katers wurde Frau Hasenbein auf ihn aufmerksam. Sie erschrak, als sie Niko in der Baumkrone entdeckte. Sie wollte ihn mit ein paar Leckereien nach unten locken. Leider vergeblich.Hilde bat ihren Nachbarn, Herrn Schupfer, um Hilfe. Hilfsbereit holte Herr Schupfer seine längste Leiter. Diese war jedoch um einige Meter zu kurz. Der Nachbar gab Frau Hasenbein den Rat, die Feuerwehr zu rufen, um ihren Kater zu retten. Diesen Rat befolgte sie auch gleich. Schon nach kurzer Zeit des Wartens kamen die Feuerwehrleute mit ihren ausfahrbaren Leitern. Niko hatte sich einen äußerst ungünstigen Platz ausgesucht, denn sogar die Feuerwehrleute hatten Mühe, ihn zu befreien. Als ein Feuerwehrmann Hilde das verängstigte Kätzchen überreichte, weinte sie vor Freude. Niko schmiegte sich erschöpft in ihre Arme. An dieses Erlebnis erinnerte er sich noch lange und wich dem Kastanienbaum immerzu aus.Wieder einmal spielte Niko schon einige Zeit im Freien, als Hilde ihn rief. Er reagierte aber nicht auf ihre Rufe. Frau Hasenbein suchte die Gegend ab, und rief immer wieder seinen Namen, ohne Erfolg. Auch die Nachbarskinder hatten Niko nicht gesehen, boten aber an, bei der Suche zu helfen. Stunden vergingen, aber Niko blieb spurlos verschwunden. Hilde war verzweifelt.Es wurde dunkel und Hilde ließ die Tür zum Garten die ganze Nacht geöffnet. In der Hoffnung, dass ihr Liebling doch noch den Weg nach Hause finden würde. Am nächsten Morgen machte sich Fr. Hasenbein mit ihrem Gehstock wieder auf die Suche nach ihrem kleinen Freund. Auch am Tag darauf blieb die Suche erfolglos.Frau Hasenbein bekam einen Anruf von ihrer Tochter Traudel. Unter Tränen erzählte sie dieser, was passiert war. Traudel versuchte, ihre Mutter zu trösten und erzählte, dass ihre Katze Nina wieder Junge bekommen habe. Wenn sie wolle, könne sie sich eines der Babys aussuchen. Hilde war über diesen Vorschlag nicht erfreut. Sie wollte keine neue Katze, sie wollte nur ihren Niko wieder zurückhaben.Es vergingen weitere Tage, aber Niko war wie vom Erdboden verschluckt. Hilde betete jeden Tag zu ihren Schutzengeln, damit Niko wieder zu ihr zurück fände. Sie fühlte sich einsam, krank und wollte nicht mehr ohne Niko sein.Traudel machte sich, um ihre Mutter große Sorgen. Kurz entschlossen fuhr sie mit dem niedlichsten der Katzenbabys zu ihrer Mutter. Hilde freute sich über das süße Kätzchen. Natürlich aber konnte dieses Kätzchen Niko nicht ersetzen.In dieser Nacht schlief Hilde nur ganz wenig, da der neue Mitbewohner sehr unruhig war. Hilde spürte, dass das Kleine Heimweh nach der Mutter und den Geschwistern hatte.Morgens um 5 Uhr wurde Hilde plötzlich von einem Geräusch geweckt. Verunsichert tastete sie sich aus ihrem Bett und sah sich um. Hilde traute ihren Augen kaum. Vor ihrem Fenster saß Niko. Freudentränen rollten über ihre Wangen. Sie schloss ihren Liebling in die Arme, drückte und küsste ihn voller Freude.Ihr kleiner Kater sah etwas verwildert aus, hatte an Gewicht verloren und sein Fell war struppig. Gierig verschlang er das Futter, das Hilde im brachte. Anschließend bürstete Frau Hasenbein ihm das Fell. Niko genoss die Zuwendung und die Streicheleinheiten. Hilde war einfach nur glücklich. Niko war erschöpft, er legte sich in sein gemütliches Körbchen und erholte sich von den Strapazen.Freudestrahlend rief Hilde ihre Tochter an und berichtete ihr, dass Niko wieder zurück gefunden habe. Traudel war sehr erleichtert und freute sich mit ihrer Mutter. Hilde bat Traudel, das Junge von Nina wieder zu sich zu nehmen, da sie sich nicht zutraute, für zwei Katzen zu sorgen. Leider musste Traudel geschäftlich verreisen und bat ihre Mutter darum, die nächsten zwei Wochen noch für das Kleine zu sorgen. Hilde war mit diesem Vorschlag einverstanden.Niko war von dem Besuch sehr angetan. Das Katzenmädchen wurde schnell seine Spielgefährtin und nach kurzer Zeit waren sie unzertrennlich. Auch, wenn das Kätzchen nur kurze Zeit bei ihr sein würde, wollte Frau Hasenbein ihr einen Namen geben und der war Sissi.

Das Wetter war die nächsten Tage wunderschön. Frau Hasenbein stellte sich ihren Liegestuhl in den Garten und ließ die beiden Katzen dort toben. Sie wollte aufpassen, dass die Zwei nicht ausbüchsten. Hilde Hasenbein war, weil sie in der Nacht wenig geschlafen hatte, sehr müde und nickte auf ihrem Stuhl ein. Als sie wieder erwachte, waren beide Katzen verschwunden. Panisch rief sie nach Niko und Sissi. Die reagierten jedoch nicht auf die verzweifelten Rufe. Hilde machte sich nun große Vorwürfe.Durch das Umherlaufen bekam sie starke Hüftschmerzen und musste ihre Medizin einnehmen. Widerwillig legte sie sich auf die Couch, um ihre Hüfte zu entlasten. Ihre Gedanken kreisten nur um Niko und Sissi. Die Medizin wirkte langsam, machte Frau Hasenbein aber sehr müde. So musste sie wohl wieder eingeschlafen sein.Ein fürchterlicher Schreck riss Frau Hasenbein aus dem Schlaf. Niko und Sissi kamen durch die noch offene Terassentür herein und hüpften zur Begrüßung auf Hildes Beine. Mit Tränen in den Augen fing Frau Hasenbein an, die beiden auszuschimpfen. Niko und Sissi saßen vor Hilde und blickten sie schuldbewusst an. Sie spürten, dass Frau Hasenbein, wegen ihres Verschwindens, sehr traurig war.Frau Hasenbein war eine sehr gläubige Frau. Sie sprach oft mit ihren Schutzengeln und bedanke sich bei Ihnen, dass sie so gut auf ihre Katzen aufpassten. Sie bat die

Engel, auch weiterhin auf beide Abenteurer zu achten. An diesem Abend kuschelten sich Niko und Sissi ans Fußende in Hildes Bett. Zufrieden schliefen die Drei ein.

Hilde träumte von ihren Schutzengeln. Ein Engel sprach zu ihr: »Wir sind immer für dich und deine Katzen da. Wir werden euch vor Unheil beschützen.« Dieser Traum beruhigte Hilde. Sie zweifelte nicht daran und hatte wieder ihr Vertrauen gefunden.

Die Tage vergingen und die Drei gewöhnten sich sehr aneinander. Die Kätzchen spielten im Garten und erkundeten auch weiterhin die nähere Umgebung. Sie kamen aber immer wieder zurück, denn sie wussten wo ihr Zuhause war. Frau Hasenbein nahm das gelassen hin und begrüßte ihre zwei Rabauken immer mit einer kleinen Leckerei.Bald darauf klingelte es an der Tür und Hildes Tochter stand davor. Sie wollte nun das Kätzchen, wie vereinbart, wieder zu sich holen. Daran hatte Hilde nicht mehr gedacht. Sie konnte und wollte sich nicht mehr von ihrer Sissi trennen. Traudel sah ihrer Mutter an, wie glücklich sie war und hatte dafür Verständnis. Insgeheim war sie aber froh, dass sie sich um ihre Mutter keine Sorgen mehr machen musste. Sie war nicht mehr einsam mit ihren Katzenkindern.Als Traudel sich von den Dreien verabschiedete, kamen Niko und Sissi zu Hilde gelaufen. Innig schmusten sie mit Hilde, als ob sie sich dafür bedanken wollten, dass sie zusammen bleiben konnten.Nach fast zwei Jahren bekamen Niko und Sissi entzückenden Nachwuchs. Die beiden kümmerten sich rührend um ihre drei Jungen. Sie ließen ihre Babys nicht aus den Augen. Hilde war glücklich mit ihrer Katzenfamilie. Sie bedanke sich jeden Tag bei ihren

Engeln dass sie mit ihren Tieren eine so wunderschöne Zeit verbringen durfte.

Ich wünsche euch den besten Schutzengel der Welt.

Das Pony Oskar

Auf einem Bauernhof lebte ein kleines Pony namens Oskar. Das Pony war sehr traurig und wollte nicht mehr auf dieser Welt sein. Der einzige Freund, den das Pony hatte, war der Hofhund Dopsi. Dieser kam gelegentlich auf die Weide und rannte mit Oskar um die Wette. Das war die Zeit, die Oskar liebte. Auf dem Bauernhof gab es auch noch schöne Reitpferde, die Oskar immer bewunderte, weil sie so groß gewachsen waren. Oskar war nur halb so groß und hatte, wie das bei Ponys so ist, kurze Beine. Oskar glaubte immer, er sei hässlich und darum allein. Er wusste nicht, dass es andere Ponys gab, er dachte, nur, er sehe so aus. Dopsi, der Hund, sah, wenn er auf die Weide kam, dass Oskar sehr traurig war. Eines Tages fragte der Hund Oskar, warum er so traurig war. Oskar meinte: »Muss ich dir das noch sagen? Schau mich an, wie hässlich ich bin, die anderen Pferde sind so groß und schön. Ich muss so klein bleiben und bin auch immer allein, ich darf auch nie zu den großen Pferden auf die Weide, ich denke, die schämen sich mit mir.«

Dopsi schaute das Pony an und erwiderte: »Wo bist du denn hässlich? Ich finde, du siehst gut aus, du bist etwas kleiner als die anderen Pferde, aber das ist ganz toll für mich. Ich kann dir wenigstens in die Augen sehen, wenn ich mit dir spreche. Für die Reitpferde bin ich auch nur ein Hund und die wollen lieber mit Menschen spazierengehen, oder reiten.« Oskar freute sich über die tröstenden Worte des Hundes und meinte dann: »Dopsi, wir könnten wieder mal ein Wettrennen machen!« Dopsi war einverstanden und sie rannten los. Wie immer gewann Dopsi, denn Hunde können schneller laufen als Ponys. Oskar freute sich, auch wenn er beim Rennen verlor, denn es war schön, dass er einen Freund hatte. Sie liefen noch die ganze Wiese ab, dann hörten sie einen Pfiff und Dopsi wusste, dass sein Herrchen nach ihm rief. Er sagte zu Oskar: »Es tut mit leid, aber ich muss zu meinem Herrchen. Ich komme bald wieder und dann laufen wir erneut um die Wette. Es war schön mit dir. Tschüss!« Nun stand Oskar wieder einsam auf der Weide und war wieder sehr traurig. Dopsi lief zu seinem Herrchen und durfte mit ihm zum Einkaufen in die Stadt fahren. Das machte Dopsi gerne, denn da kam er auch zum Metzger, der immer einen leckeren Knochen für ihn hatte. Als sie wieder nach Hause kamen, sagte seine Frau Gertrud: »Du kommst gerade recht zum Essen. Anschließend möchte ich noch mit dir über unser Pony sprechen.« Da wurde Dopsi neugierig. Als Gertrud und

Max gegessen hatten, schlug Gertrud vor noch ein Pony zu kaufen, damit Oskar nicht so einsam ist und jemanden zum Spielen hat. Der Hund hörte zu und wusste nicht, ob er sich freuen oder traurig sein sollte. Denn wenn da noch ein Pony käme, wolle Oskar vielleicht nicht mehr mit ihm spielen, dann würde er ihn nicht mehr brauchen. Als Dopsi einen Tag darauf wieder allein unterwegs war, trottete er zu Oskar, der sofort merkte, dass etwas nicht in Ordnung war. Er fragte auch gleich: »Dopsi, was hast du? Du bis so niedergeschlagen, waren Herrchen oder Frauchen etwa böse zu dir?« Dopsi schüttelte heftig den Kopf und entgegnete: »Nein, das waren sie nicht. Aber ich habe etwas Neues erfahren und das macht mich traurig.« Das Pony sagte ungeduldig: »Lass dir nicht alles aus der Nase ziehen, erzähl schon!« Der Hund erzählte, dass noch ein weiteres Pferd kommen solle, damit Oskar nicht so allein wäre. Er sagte: »Weißt du, einerseits freue ich mich für dich und andererseits bin ich sehr traurig.« Oskar fragte: »Warum bis du traurig?« Dopsi antwortete: »Wenn da ein anderes Pony kommt, dann habe ich keinen mehr zum spielen, denn du wirst dann nur noch mit dem Pony spielen und mit ihm um die Wette laufen. Ich stehe dann da und kann nicht mal mehr mit dir reden! Ich habe das immer so schön gefunden, wenn wir zwei zusammen waren.«

Oskar verstand Dopsi nicht, denn es wurde doch nur gesagt, dass man überlege ein zweites Pferd anzuschaffen. Gertrud, die Bäuerin, ließ nicht locker, sie sprach immer wieder von einem weiteren Pony. Irgendwann meinte Max, er würde sich mit ihr umsehen, ob es ein Pony gäbe, das zu Oskar passe. Gertrud las in der Zeitung von einem Pony, dessen Besitzer es abgeben wollte und das auch noch für wenig

Geld. Max und Gertrud fuhren zu diesem Mann. Schnell entschlossen kauften sie das Pferdchen. Max fragte, warum er das Pony verkaufte. Dieser antwortete, er wolle das Pony nicht mehr. Er möge lieber ein normales Pferd, denn er reite sehr gern. Mit dem kleinen Ding könne er nichts anfangen. Es kostet viel Geld und bringt nicht. Gertrud war entsetzt, dass sich der Mann so dazu äußerte. Denn sie mochte ihren Oskar, auch, wenn er klein war. Dieses kleine Pony würde sie auch mögen. Der Mann erklärte, dass das Pony höre auf den Namen Lisa. Gertrud dachte: »Das ist ja schön, dann haben wir ein Pärchen. Oskar wird sich freuen.« Lisa hörte, was gesprochen wurde. Sie wusste nicht, ob sie sich auch freuen oder traurig sein sollte .Max und Gertrud verabschiedeten sich und meldeten sich für den nächsten Tag an, um das Pony abzuholen. Oskar konnte sich nicht vorstellen, wie das neue Pferd wohl aussehen würde. Er war neugierig und zugleich hatte er Angst. Es konnte ja sein, dass das Pony ihn nicht mögen würde und nicht mit ihm spielen wollte. Aber dann hatte er immer noch Dopsi. Am nächsten Tag fuhren Gertrud und Max weg, um das Pony zu holen. Der Hund Dopsi kam sehr aufgeregt zu Oskar und erzählte ihm, dass die Bauernleute das Pony abholten. Oskar war erschrocken, denn das Ganze ging ihm etwas zu schnell. Er kam wieder ins Grübeln und meinte, weil er so hässlich ist, sei, werde dieses Pferdchen ihn bestimmt nicht beachten. Gertrud und Max luden Lisa in der Zwischenzeit auf einen Anhänger und fuhren mit ihr nach Hause. Oskar und Dopsi waren sehr aufgeregt, als das Auto mit dem Pferdeanhänger in den Hof gefahren kam. Max fuhr bis zum Gatter und öffnete den Anhänger, um Lisa ins Freie zu lassen. Als Lisa auf der Weide stand, war Oskar sehr überrascht. Denn Lisa sah fast aus, wie er selbst. Was ihn besonders freute, war, dass Lisa genau so klein war. Dopsi sagte zu Oskar: »Sieht doch ganz nett aus, oder?« Oskar und Dopsi bestaunten Lisa erst eine ganze Weile, bis Dopsi meinte: »Wir sollten sie willkommen heißen und uns vorstellen.« Oskar war immer noch am Staunen, er dachte doch immer, nur er sehe so aus. Doch nun kam da eine Ponydame, die er wunderschön fand. Er trottete hinter dem Hund her, stellte sich bei Lisa vor, und auch Dopsi tat es ihm gleich. Er fügte hinzu: »Wir werden bestimmt gute Freunde!« Lisa war bei ihrem Vorbesitzer immer allein. Sie hatte keine große schöne Weide, sondern war fast nur im Stall. Ihrem Herrchen war jede Arbeit zu viel. Fressen hatte sie auch nicht immer. Manchmal sogar Tage lang nichts. Nun wusste sie nicht, was sie hier erwartete. Nach einer Weile schlug Dopsi den Beiden vor, ein Rennen zu machen. Die beiden Ponys waren gleich einverstanden und das Rennen lockerte die Stimmung auf. Oskar war froh darüber, denn er war sehr schüchtern. Der Hund und die Ponys rannten um die Wette. Plötzlich kam ein Pfiff und Dopsi wusste, dass er nun zu seinem Herrchen zurückeilen musste. Das Rennen brachen sie ab und Dopsi verabschiedete sich. Nun waren Oskar und Lisa allein. Oskar fragte Lisa, wo sie denn vorher gewohnt habe und ob sie auch so allein war, wie er. Er erzählte ihr auch, dass er sich so hässlich fühlte und dass es am schlimmsten war, wenn die großen, schönen Pferde nebenan waren. Lisa war erstaunt über Oskars Äußerung, denn sie fand ihn sehr schön und das sagte sie ihm auch. Die Beiden freundeten sich an und waren bald unzertrennlich. Dopsi war manchmal etwas eifersüchtig. Eines Tages fragte Lisa Oskar: »Weißt du überhaupt, dass es auch Engel gibt?« Das war für Oskar neu, darunter konnte er sich nichts vorstellen. Dann erzählte ihm Lisa, ihr wäre ein Engel begegnet, als es ihr bei ihrem Herrchen so schlecht ging, weil sie wieder einige Tage lang nichts zu fressen bekam. Der Engel sagte, ich solle durchhalten, da es mir bald sehr gut gehen werde. Oskar fragte: »Wie sieht denn ein Engel aus?« Aber Lisa konnte ihn nur als wunderschön, sehr hell und lieb beschreiben. Oskar hätte auch gern einen Engel gesehen, denn Engel konnte er sich nun wirklich nicht vorstellen. Lisa fand, er habe recht gehabt: »Es geht mir jetzt wirklich gut und ich habe sogar zwei neue Freunde gefunden. Fressen habe ich auch immer reichlich. Ich glaube, ich muss mich bei den Engeln bedanken. So viel Glück, auf einmal, wie habe ich das verdient?« Sie sprachen noch oft über die Vergangenheit und waren froh, dass es ihnen so gut ging. Gertrud und Max waren sehr glücklich, dass es keine Probleme durch die Zusammenführung der Ponys gab. Max meinte: »Wir könnten doch eine kleinen Kutsche kaufen, damit unsere Enkelkinder mit Oskar und Lisa spazieren fahren können. Das wäre für die Beiden nämlich eine schöne Abwechslung.« Gertrud war begeistert und kaufte auch gleich eine Kutsche auf der die Kinder bequem sitzen konnten. Als die Ponys zum ersten Mal vor die Kutsche gespannt wurden, war das auch für sie etwas Neues. Die Kinder waren sehr lieb zu den Ponys und so gewöhnten sich Lisa und Oskar auch an die Ausflüge mit dem Pferdewagen. Sie hatten immer viel Spaß, denn die Kinder ließen sie richtig laufen und das gefiel allen. Dopsi lief neben der Kutsche her und hatte auch seine Freude.

Oskar, Lisa und Dopsi wurden auf diesem Bauernhof sehr alt und waren glücklich. Oskar glaubte nie mehr, hässlich zu sein.

Ich wünsche euch den besten Schutzengel der Welt.

Die Stinktiere Flips und Flaps

Flips und Flaps lebten In einem Zoogeschäft, eingesperrt in Käfigen. Die beiden Käfige standen nebeneinander und so konnten sich die Stinktiere miteinander unterhalten. Die Zeit im Käfig war furchtbar langweilig und auch sehr anstrengend. Tagsüber waren die Beiden müde und wollten schlafen. Sie wurden aber täglich von Menschen, die die Zoohandlung besuchten, gestört. Nur zu gerne hätten die Zwei einen Ausflug ins Freie unternommen, leider waren die Käfigtüren immer verschlossen.Nachts, wenn sie munter waren brannten Lichter an der Decke. Die neugierigen Stinktiere hätten diese Lichter gern näher betrachtet. Auch das verhinderte der Riegel an der Käfigtüre. Flaps erzählte Flips, wie er sich Freiheit vorstellte. Dann fragte er: »Flips, würdest du mit mir zusammen ausbüchsen, wenn sich die Gelegenheit bieten würde?« Nach kurzem Überlegen antwortete Flips: Nun, das macht mir Angst¡' Flaps tröstete sie und erwiderte: »Wir brauchen keine Angst zu haben, wir werden schon nicht verhungern. Wir sind nicht heikel und fressen alles!« »Nein,« sagte Flips »mit dem Gedanken, von hier zu verschwinden, kann ich mich einfach nicht anfreunden.«Flaps war sehr traurig darüber. Wenn sich jedoch eines Tages für ihn die Gelegenheit bieten sollte, dann würde er sich von Flips nicht zurückhalten lassen. Er spürte aber dennoch, dass es nicht so leicht sein würde, Flips einfach zurück zu lassen. Er hatte sie nämlich inzwischen sehr lieb gewonnen. Sie war es, die ihn immer wieder aufheiterte und im das Leben im Käfig erträglich machte. Die Gespräche mit ihr würde er auch sehr vermissen.

Flips konnte sich ein Leben ohne Flaps auch nicht so recht vorstellen. Sie wünschte sich insgeheim, dass er es sich, wenn es nun so weit wäre, noch einmal anders überlegen würde. Sie hoffte, dass der bärtige Mann, der täglich kam, um sie zu füttern, nicht vergessen würde, die Käfigtür von Flaps zu verriegeln. Rudolf, der Tierpfleger, war sehr sorgfältig und versperrte die Käfigtür regelmäßig.Mit der Zeit verlor Flips ihre Angst. Denn Flaps sprach nicht mehr vom Ausbüchsen und schien zufrieden zu sein.Eines Tages kam statt Rudolf ein Mädchen und brachte ihnen Futter. Gerlinde fand die Beiden sehr exotisch und niedlich. Sie streichelte sie und sprach mit ihnen.

Die Stinktiere freuten sich über die liebevolle Zuwendung. Von jetzt an wurden sie täglich von Gerlinde versorgt und verwöhnt.An einem Samstag war ungewöhnlich viel Betrieb in der Zoohandlung. Hektisch versuchte Gerlinde ihre Arbeiten zu erledigen. Sie wurde immer wieder abgelenkt. Da wurde sie nervös und schien etwas überfordert zu sein. Die Tiere hätten schon längst ihr Futter bekommen sollen, deshalb wurden sie bereits unruhig. Da passierte es: Sie vergaß, die Käfigtüren der Stinktiere zu verriegeln.

Flaps ergriff sofort seine Chance. Er fragte Flips nur noch: »Kommst du mit?« Doch sie rührte sich nicht von der Stelle. Für Flaps war der Drank nach Freiheit größer als die Liebe zu Flips. Für Flaps war es ein Glück, dass sich heute so viele Menschen in der Zoohandlung aufhielten. Dadurch konnte er unbemerkt aus seinem Käfig hüpfen. Sehnsüchtig blickte er noch einmal zurück zu Flips. Dann schlich er sich vorsichtig aus dem Lagen.Flips blieb einsam und verlassen zurück. Vor allem aber war sie sehr traurig, denn er fehlte ihr schon jetzt.Für Flaps begann bereits vor der Ladentür das Abenteuer. Der Straßenverkehr mit den vielen Fahrzeugen, Motorrädern, Fahrrädern und Menschen machte ihm Angst. Er wurde nervös, sah sich um, ob ihm jemand auf den Fersen war. Dann entdeckte er ein Gebüsch, in dem er sich verschanzen wollte. Dort blieb er also versteckt, bis es dunkel und ruhig geworden war.Erst am nächsten Morgen, als Gerlinde die Tiere füttern wollte, bemerkte sie, dass Flaps nicht mehr in seinem Käfig war. Erschrocken stellte sie fest, dass sie die Riegel nicht vorgeschoben hatte. Sie suchte jeden Winkel der Zoohandlung nach Flaps ab. Jedoch ohne Erfolg. Flaps blieb verschwunden.Einige Tage später besuchte ein kräftiger Mann mit seinem kleinen Sohn die Tierhandlung. Beide waren sofort von dem Stinktier begeistert. Kurz entschlossen ließen sie sich Flips in einen Pappkarton setzen und fuhren voller Freude mit ihr nach Hause. Der Vater erklärte dem Jungen, dass er erst einen Stall für ihren neuen Mitbewohner bauen wolle. Daher müsse er wohl eine Nacht im Haus schlafen.Das alles ging Flips doch viel zu schnell. Erst verlor sie Flaps und jetzt auch noch ihr Zuhause. Das war einfach zuviel für sie. Durch die Aufregung entleerte sie ihre Stinkdrüsen.Stolz präsentierte Torsten seiner Mutter das Stinktier. Die Mutter war entsetzt und rief: »Schaff mir dieses fürchterlich stinkende Etwas aus meinem Haus!« Tosten ließ sich aber nicht beirren und nahm Flips aus dem Karton. Flips hatte schreckliche Angst und verspritzte sofort wieder reflexartig diese stinkende Flüssigkeit. Die Mutter tobte. Da schaltete sich der Vater ein und sagte: »Heute Nacht muss das Tier im Haus bleiben. Ich werde gleich morgen Früh beginnen, einen Stall zu bauen. Dann wird er im Garten wohnen können. Bitte beruhige dich doch wieder mein Schatz!«

Gleich am nächsten Tag, nach dem Frühstück begannen Torsten und sein Vater, wie versprochen, den neuen Stall zu bauen. Als dieser fertig war, rannt Torsten ins Haus, hob Flips aus dem Karton und da passierte es schon wieder: Sie aktivierte ihre Stinkdrüsen. Diesmal war es besonders schlimm. Torstens Mutter stand direkt daneben und bekam von dem Strahl ordentlich etwas ab. Fluchen und schimpfend beförderte sie ihren Sohn mitsamt diesem ekelhaft stinkenden Tier aus dem Haus.

Flips bekam ihr neues Heim, in dem sie sich auch sehr schnell wohl fühlte. Torsten kümmerte sich rührend um den Neuankömmling. Er fütterte sie regelmäßig, streichelte sie und spielte mit ihr. Schon nach kurzer Zeit freundeten sie sich richtig an.Trotzdem dachte Flips noch sehr oft an Flaps. Jede Abend bat sie die Schutzengel, gut auf ihn aufzupassen, damit ihm nichts geschah.Schnell sprach es sich herum, dass Torsten ein sehr ungewöhnliches Tier in seinem Garten hatte. Es kamen sehr viele neugierige Kinder zu Besuch und alle wollten das Stinktier ansehen und berühren. Das konnte Flips überhaupt nicht leiden und bespritzte diese aufdringlichen Geschöpfe mit ihrer stinkenden Flüssigkeit. So konnte sie sich diese Menschen sehr auf Abstand halten.

Flaps irrte inzwischen ziellos in der Gegen umher. Anfangs fand er das Streunen sehr aufregend. Irgendwie hatte er sich die Freiheit jedoch anders vorgestellt. Er hatte die Nase voll und entschloss sich, wieder in die Zoohandlung und zu Flips zurückzukehren.Tagelang war er unterwegs, aber das Zoogeschäft konnte er einfach nicht finden. Stattdessen kam er in eine Siedlung und suchte dort in den Gärten nach etwas Essbarem. Er stöberte einen Hundenapf mit Trockenfutter auf und fraß in leer. Anschließend suchte er sich ein ungestörtes Plätzchen und schlief dort den ganzen Tag. Nachts wanderte er weiter, in der Hoffnung, die Tierhandlung doch noch zu finden.Auf der Suche nach Futter durchstöberte er wieder einmal einige Gärten. Plötzlich nahm er einen ihm vertrauten Geruch war. Er überlegte kurz und wusste schließlich: »Das ist der Geruch von Flips!« Sein Herz schlug wie verrückt. Zugleich wunderte sich Flaps darüber, wie er hier auf Flips treffen konnte. Sie war doch in der Zoohandlung im Käfig geblieben. Als er ihren Namen rief, bekam er auch gleich darauf Antwort. Als sie sich gegenüber standen, nur durch einen Zaun getrennt, konnten sie ihre Freudentränen nicht zurückhalten. Sie hatten sich viel zu erzählen und waren so vertieft in das Gespräch, dass sie nicht bemerkten, wie sich jemand näherte. Flaps wurde plötzlich am Rücken gepackt und hoch gehoben. Er bekam einen furchtbaren Schreck und entleerte seine Stinkdrüsen.Es war die Hand von Torstens Papa. Er dachte, Flips wäre ausgebüchst und brachte sie deshalb zurück in ihr Gehege. Zu seiner Überraschung stellte er fest, dass Flips noch in ihrer Behausung war. Er fand es erstaunlich, dass es jetzt zwei Stinktiere waren.

Als Torsten davon erfuhr, drängte er seinen Vater dazu, beide Stinktiere behalten zu dürfen. Der Vater willigte ein und sagte: »Dazu müssen wir aber den Stall vergrößern!« Torsten freute sich riesig und half fleißig dabei mit. Flips und Flaps wurden in der Zwischenzeit gemeinsam in einem kleinen Gehege untergebracht.

Die beiden Stinktiere beobachteten Vater und Sohn und waren verunsichert. Sie machten sich Sorgen, was jetzt mit Flaps passieren würde. Jetzt, wo sie sich wieder gefunden hatten, wollten sie auch zusammen bleiben. Verzweifelt flehte Flips ihre Schutzengel um Hilfe an.

Bereits am Abend war der Anbau des Stalls fertig. Das Gehege wurde um das Doppelte erweitert. Übermütig verkündete Torsten den beiden Stinktieren: »Jetzt habt ihr jede Menge Platz!« Damit seine Mutter ihn nicht hören konnte, fügte er etwas leiser und grinsend hinzu:

»Vielleicht wollt ihr ja auch eine Familie gründen!«Flips und Flaps fühlten sich in ihrem neuen Zuhause unglaublich wohl. Sie waren sehr glücklich miteinander, bis an ihr Lebensende.

Ich wünsche euch den besten Schutzengel der Welt.

Die Klapperstörche Max und Belinda

Max und Belinda lebten mit ihren Eltern in einer kleinen Stadt. Das Nest für ihren Nachwuchs hatten die Beiden auf dem Kirchturm errichtet. Für die beiden Storchenkinder war das Leben sehr aufregend und spannend. Der Kirchturm war ein hervorragender Aussichtspunkt. Von dort aus konnten sie alles, vor allem aber die Menschen und deren Treiben beobachten. Während des Gottesdienstes genossen sie es, der Orgelmusik und dem Gesang der Leute zu lauschen. Liebevoll wurden sie von ihren Eltern mit frischem

Fisch, Fröschen und Mäusen versorgt. In kühlen Nächten konnten sie sich unter das wärmende Federkleid der Eltern kuscheln.

Natürlich hatten die Bewohner der Stadt das Nest bereits entdeckt. Vor allem die Kinder waren besonders neugierig und beobachteten sehr oft die viel beschäftigte Storchenfamilie. Max und Belinda wussten, dass sie so weit oben unerreichbar für die Menschen waren. Laut und übermütig klapperten sie mit ihren Schnäbeln. Sie genossen es sogar ein wenig, im Mittelpunkt der Bewohner zu stehen. Die Storcheneltern waren sehr oft unterwegs, doch nicht nur um ihren Nachwuchs zu versorgen. Sie gingen nämlich einer sehr anstrengenden und verantwortungsvollen Tätigkeit nach. Sie erklärten ihren Kindern auch, dass sie sehr viel arbeiten müssten. Die Storchenkinder konnten sich jedoch nicht vorstellen, was mit »arbeiten« gemeint war. Es erschien den Beiden also nicht besonders wichtig. Sie waren ja noch klein, spielten lieber miteinander und es war ihnen auch ohne Arbeit nie langweilig.

So wuchsen die Storchengeschwister im Laufe der Zeit zu jungen Erwachsenen heran. Die Eltern waren sehr froh darüber, da sie ihre Arbeit fast nicht mehr allein bewältigen konnten. Die Unterstützung von ihrem Nachwuchs konnten sie daher gut gebrauchen. Als die Eltern ihren Kindern erklärten, dass es nun bald ernsthafte Aufgaben für sie zu tun gäbe, reagierten Max und Belinda sehr eifrig und wollten am liebsten sofort damit beginnen. Mama Storch zügelte die übermütigen Teenager und sagte: »Ihr müsst euch aber erst gut vorbereiten und noch einige Flugübungen absolvieren! Es ist wichtig, dass ihr euer Durchhaltevermögen trainiert, da es manchmal notwendig ist, weite Strecken zu fliegen. «Das nahmen sich die zwei Jungstörche zu Herzen und begannen gleich darauf mit ihren Übungen. Sie konnten sich zwar schon ganz gut in der Luft bewegen, stießen aber schnell an ihre Grenzen, da die Ausdauer bei den beiden Frischlingen sehr schnell nachließ. Aber schon nach kurzer Zeit schafften sie es, ihre eher dürftigen Flugkünste in durchaus passable Ausdauerflüge ausweiten. Nun beschloss der Storchenvater, seine zwei Kinder mit ihrem ersten Auftrag auf Reisen zu schicken. Max und Belinda waren mächtig stolz, dass ihr Vater ihnen jetzt eine so wichtige Angelegenheit übertrug, obwohl sie noch gar nicht recht wussten, um was es eigentlich ging. Die Eltern klärten die Beiden auf: »Ihr werdet künftig kleine Babys durch die Luft tragen und ihren zukünftigen Eltern überbringen. An der Pforte zu den Engeln wird euch eure wertvolle Fracht übergeben werden. Dort werdet ihr auch erfahren, wohin das kleine Bündel gebracht werden soll.« Max und Belinda hatten damit nicht gerechnet und waren deshalb sehr überrascht. Ihnen war jedoch sofort bewusst, dass das eine sehr verantwortungsvolle Aufgabe war. Aufgeregt kamen die Klapperstörche Max und Belinda kurze darauf an der Engelspforte an, um ihren ersten Auftrag in Empfang zu nehmen. Es war aber nicht so einfach, wie sie es sich vorgestellt hatten. So ein kleines Bündel im Schnabel zu behalten, bedurfte doch etwas der Übung. Die Engel entschieden sich dafür, dass Max das Baby transportieren und Belinda ihn dabei unterstützen solle. Daraufhin machten sie sich auf den Weg und gaben natürlich ihr Bestes. Nach nicht allzu langer Flugzeit überbrachten sie das Kind seinem zukünftigen Zuhause und erfreuten sich noch am Anblick der glücklichen Eltern. Anschließend kehrten sie voller Stolz und Zufriedenheit zu ihrer Familie zurück. Schon am nächsten Morgen erhielten sie einen neuen Auftrag. Diesmal mussten sie getrennt fliegen. Belinda sollte ein kleines Mädchen, das allerdings schwerer war, als sie vermutet hatte, in die Nachbarstadt bringen. Mit viel Mühe schaffte sie dies und übergab das Kind seiner Mutter. Diesmal konnte sie die Freude der Eltern leider nicht genießen, da sie selbst mit ihren Kräften am Ende war.Max bekam eine sehr lange Strecke zugeteilt, die ihn über die Berge führte. Zielstrebig packte er das Bündel und trug seine Fracht in die Lüfte. Er hatte einen ruhigen Flug, doch plötzlich bemerkte er, wie sich kurz vor den Bergen ein Unwetter zusammenbraute. Er konnte es auf keinen Fall riskieren, wegen einem Sturm das Baby zu verlieren. Da erblickte er unter sich eine alte Scheune und entschloss sich kurzerhand, dort Not zu landen. Unten angekommen fing das Baby sofort an zu schreien und wollte gar nicht mehr damit aufhören. Max stand hilflos daneben und zitterte vor Aufregung. Er betete zu den Engeln, dass es bald aufhören solle, zu regnen. Als der Regen nach einer halben Stunde endlich nachließ, wollte er seine Reise fortsetzten. Doch das patschnasse Bündel rutschte ihm immer wieder aus dem Schnabel. Er war so sehr mit dem Baby beschäftigt, dass er überhaupt nicht bemerkte, wie ein großer Hund in die Scheune gelaufen kam. Dieser erblickte den Storch und fing fürchterlich an zu bellen. In seiner Panik breitete Max hektisch die Flügel aus und flog einfach davon. Er suchte sich einen Landeplatz, gegenüber der Scheune und wollte dort abwarten, bis der Hund wieder verschwunden war.

Durch das Bellen des Hundes kamen auch noch ein Mann und eine Frau in die Scheune gelaufen. Sie erblickten das verlassene Kind im Stroh und nahmen es an sich. Beide hatten Tränen in den Augen und die Frau flüsterte glücklich: »So lange haben wir uns ein Baby gewünscht und jetzt ist es endlich da!« Max war außer sich vor Aufregung. Er konnte keinen klaren Gedanken mehr fassen. Es schoss ihm immer wieder durch den Kopf, dass das Kind in der Schweiz hätte abgegeben werden sollen. Verzweifelt musste er zusehen, wie diese Menschen das Baby an sich nahmen und in ihrem Haus verschwanden. Völlig kraftlos, verzweifelt und ängstlich machte er sich nach einiger Zeit auf den Nachhauseweg. Wie sollte er diese Tragödie nur den Engeln, seinen Eltern und seiner Schwester erklären? Es gingen ihm tausend Gedanken durch den Kopf. Nie wieder wollte er die Verantwortung für ein Baby übernehmen. Schweren Herzens überbrachte er allen die schlechte Nachricht. Er beteuerte unter Tränen, dass ihm das alles schrecklich Leid täte. Trotz allem könne er es aber nicht ungeschehen machen. Niemand machte ihm einen Vorwurf. Alle hatten für die aussichtslose Situation, in der er sich befand, Verständnis. Er hätte nicht anders handeln können, darüber waren sich alle einig.

Es dauerte einige Monate, bis Max wieder in der Verfassung war, seiner Berufung nachzugehen. Es vergingen ein paar Jahre, in denen Max immer wieder weite Flüge in die Schweiz hinter sich brachte. Nie wieder, in den letzten Jahren, kam er in die Situation, seinen Flug unterbrechen zu müssen. Seine Rückflüge von der Schweiz nutzte er jedes Mal, um nach dem kleinen Jungen, der dort nicht hingehörte, zu sehen. Dazu legte er immer einen Zwischenstopp auf dem Dach der alten Scheune ein.Max konnte immer wieder beobachten, wie liebevoll und aufopfernd sich die Eltern um ihren Sohn kümmerten. Sie liebten ihn über alles. Dennoch war der Junge immer außergewöhnlich still und wirkte auf Max sehr traurig. Das belastete Max sehr und darum entschloss er sich niedergeschlagen dazu mit den Engeln darüber zu sprechen: »Ich fühle mich immer noch schuldig, wenn ich sehe, wie traurig der Junge ist!« Die Engel gaben ihm zur Antwort: »Der Junge spürt, dass er nicht an seinem Bestimmungsort lebt und sehnt sich wohl nach seiner wahren Heimat. Mach dir keine Sorgen um den Jungen. Er hat ein gutes Zuhause, er wird seinen richtigen Weg nur ein wenig später finden.«Das Gespräch beruhigte Max sehr. Schließlich bat er die Engel noch darum, gut auf den kleinen Heinz, das war sein Name, aufzupassen und ihm dabei zu helfen, seinen Weg zu finden. Die Engel versprachen ihm, immer ein wachsames Auge auf Heinz zu haben. Die Jahre vergingen und aus dem kleinen Heinz wurde ein erwachsener junger Mann. Eines Tages entschloss er sich dazu, seine Ferien in der angrenzenden Schweiz zu verbringen. Das war eine gute Entscheidung, denn dort fühlte er sich unwahrscheinlich wohl. Immer öfter zog es ihn in dieses, für ihn so herrliche Land, in dem er sich so heimisch fühlte. Dort lernte er auch seine große Liebe Rita kennen. Schon bald heirateten sie und die Beiden lebten von jetzt an glücklich in der Schweiz. Er war sehr zufrieden und blühte förmlich auf. Endlich, so fühlte er es, war er zu Hause angekommen. Max war nun schon ein betagter Storch und längst nicht mehr so viel unterwegs wie noch vor einigen Jahren. Die Engel riefen ihn plötzlich zu sich und baten ihn darum, ein Kind in die Schweiz zu Heinz und Rita zu bringen. Max freute sich riesig über diesen Auftrag, den er als große Chance wahrnahm, sein Missgeschick wieder gut zu machen. Er machte sich also gleich auf den Weg. Der Flug in die Schweiz verlief diesmal reibungslos. Als er das kleine Bündel eifrig und stolz überreichte, waren Heinz und seine Frau außer sich vor Freude. Auch Max war sichtlich gerührt. Er flog wieder zurück und verspürte nach langer Zeit ein großes Glücksgefühl sowie ungeheure Erleichterung. Er war mit sich und der Welt wieder im Reinen. Die Engel hatten ihm geholfen, so dass sich doch noch alles zum Guten gewendet hatte. Davon war er überzeugt.

Ich wünsche euch den besten Schutzengel der Welt.